AF212243

Ana
Llurba

MALA
CONCIENCIA

Ana
Llurba

MALA
CONCIENCIA

MALA CONCIENCIA
Ana Llurba

◆

Colección: Letra Bastarda, 31
Primera edición: mayo 2024

◆

© 2024, de los poemas, Ana Llurba
© 2024, de la cubierta, Monica Loya
                              @monicaloya
© 2024, de esta edición, Letraversal

◆

Dirección editorial: Ángelo Néstore
Diseño: Martín de Arriba
Maquetación: Letraversal
Ayuda a la edición: Noa González Sirgado
Corrección: José Fernández

◆

ISBN: 978-84-128275-0-7
THEMA: DC DCF
Depósito legal: MA 1964-2024

◆

Impreso en España por Safekat · *Printed in Spain*
Bajo el cuidado de Rubén González Domínguez

◆

◆

LETRAVERSAL
www.letraversal.com

eternidades minúsculas
llenas de balas detenidas en pleno vuelo

WISŁAWA SZYMBORSKA

LA FAMILIA Y OTROS MONSTRUOS

Polvo de estrellas

No solo Amy Winehouse,
o la escritora y activista Kate Millet,
o el director de cine Bong Joon-ho
sino muchos otros famosos más
nacieron
al igual que yo
un catorce de septiembre
ocho meses y medio
después de un 31 de diciembre
ocho y medio
cifra felliniana
fórmula dorada
cuadratura del círculo
cúmulo de hidrógeno, calcio y hielo
de decenas de años luz de diámetro
cuando la presión y la temperatura aumentaron
en su centro
la estrella empezó a morir
y liberó energía
y luz
y átomos
en un ciclo estelar de borracheras,
detonadas
por una explosión de masa
y energía
y lascivia
y sexo sin condón
durante un brindis de Año Nuevo.

Morderse la lengua

Cuando se enoja conmigo
«sos una teyú»
con acento guaraní:
me insulta mi mamá
yo soy ella
una viborita con lengua larga
ella es yo
una lenguaraz
una serpiente mítica
como la Uróboros
una que se muerde la cola
la suya propia
la herencia de la madre culebra
acuna con su saliva reptante
hijitas víboras
teyús, lampalaguas
lenguaraces
reptiles mitológicas
la mujer de Lot
Pandora
Lilith
Eva
todas abandonaron su piel
ante el Árbol del Conocimiento
mientras en sus huevos
latían corazones
de otras hijas efervescentes
empujando a durar
esta rastrera eternidad
de genealogías reptilíneas
mordiéndose la lengua
una y otra vez.

Viaje al interior de mi hermana

a veces sueño
que flotamos en el agua
tomadas de la mano
y nos hundimos sin terror
ADRIENNE RICH

Encendí una vela dentro de su estómago
para orientarme en la oscuridad
pero ni yo soy Job
ni ella es una ballena
no
ella es la infraestructura meteorológica mejor equipada
del planeta:
donde yo solo veía una sudestada
otra tormenta de verano
ella intuía una cadena de hechos irreparables fenómenos
meteorológicos a gran escala
que acabarían en pocos minutos
con mis frágiles certezas sobre su salud mental
ella es la amenaza en el horizonte surcado por nubes
ingenuas
una alarma sonando en medio de la noche
esa información que ni los sónares
ni los satélites captan
la forma en que un huracán de repente cambia de dirección.
En el campo abierto
la fuerza de sus ráfagas
acabará con la llama menguante de esta vela
apagando
así

mi único camino
de vuelta hacia
ella.

Luz muerta

Lo que más me gusta filmar son los silencios.
PATRICIO GUZMÁN, Nostalgia de la luz

Mi tatarabuela, Francisca Ferreira, fue una oligarca
latifundista que expulsaron de Brasil después de la
abolición de la esclavitud.
Mi bisabuelo, Francisco, su primogénito, huyó desde
Corrientes hasta el Chaco argentino cruzando un puente
por el río Paraná en medio de un tiroteo.
Mi abuelo catalán peleó con solo diecinueve años en la
Guerra Civil Española.
Mi tío Carlos intentó suicidarse tres veces después que
lo liberaron de una cárcel para presos políticos a finales
de los setenta.
Mis padres se separaron a principios de los ochenta
cuando yo era un bebé de tres meses.
Mi mamá sobrevivió a dos depresiones clínicas y,
al menos, a cinco defaults económicos.
Yo ya viví tres de esos más dos parálisis hemifaciales
antes de cumplir los treinta años.
Sin embargo, sigo pensando que las catástrofes son algo
lejano y atroz
algo que solo les sucede a las familias de los demás.
Algo que empuja a las sociedades de beneficencia
a reflejarse en el abismo del Sur global
a manifestar su incertidumbre ante la epigenética
a adivinar la posibilidad de la comunicación a través
de agujeros de gusano
a especular con la memoria del trauma
el trauma

esa trampa del espacio-tiempo
no se transmite por la sangre
sino por las esporas de las especies en extinción
y los chismes susurrados en la sobremesa
de los almuerzos en domingo
y los químicos evanescentes de las fotos analógicas
y los hallazgos fósiles en el fondo
de las lagunas familiares a punto de secarse
con todos esos secretos aún no contados
flotando como el polvo de cometas lejanos
estrellas que han muerto hace miles de años
en los intersticios de las ausencias evidentes
las de las fotos arrancadas de los álbumes.
La épica de ese silencio
esa luz muerta
me encandila desde las distancias siderales
y se fractura
al impactar
en la superficie brillante de esta pantalla
con su fuerza centrípeta
se traga todo
energía, deudas,
materia, reproches,
luz, herencias malgastadas,
el agujero negro del olvido.

Hemorragias de la memoria

La guerra es envidia menstrual
NICK ZEDD

A una amiga madrileña
le vino la menstruación
por primera vez
cuando sus padres la llevaron a conocer
el Valle de los Caídos.
Un inesperado pacto de sangre ocurrió
ahí
a la sombra de esa inmensa cruz de hormigón
la más grande de Occidente
testigo de *la guerra como envidia menstrual*
en ese momento
se ejecutó un ritual milenario:
alejada de los tres grandes libros monoteístas
una virgen fue sacrificada por el bien común
y la impureza la desterró de su comunidad durante siete
                                                    días
ese momento fue la fuente del movimiento hacia lo
absoluto
según Hegel, este momento
es la contradicción interna del espíritu
el momento en que todos los fenómenos
de la naturaleza y de la historia
devienen formas de manifestación,
de revelación del espíritu absoluto,
formas de autoconocimiento.
Aunque no entiendo bien qué significa todo esto
sí intuyo que
los fantasmas enterrados en las fosas comunes,
la contradicción interna de la historia,

aullaron venganza
y retribución cósmica
mediante la contracción ctónica
de sus ovarios.

Onomástica

Elizabeta Elikapeka
Sabela Chavela
Eilis Ella
Isabel

un día que mi mamá estaba feliz
me respondió que eligió éste
Isabel
mi segundo nombre
porque era el mismo nombre de importantes reinas

Isabel
prima de María
esposa de Zacarías
madre de Juan el Bautista

otra vez cuando estaba triste
me replicó que lo había elegido mi papá
porque cuando yo nací una presidenta argentina,
Isabel Perón, estaba presa

Izabela Elzbieta
Elisabet Isabella
Elspeth Elisheba
Isabel

mirar hacia las estrellas
por algo tan banal e importante
como un nombre
interrogar a los padres
para orientarse en la noche
por un nombre
es como preguntarse

qué es lo que hace que se cumplan los deseos
o
qué hay de real en un espejismo
o
por qué ciertos animales se aparean con dificultad

solo por un nombre.

La herencia de Cenicienta

Diez unidades en los pies y en las manos,
dicen que eso es lo primero que verifican
los obstetras al nacer un bebé.
Comprueban así la continuidad
de cuando nos trepábamos a los árboles
y éramos poco más que unos carroñeros:
la herencia de nuestros ancestros homínidos
que no tenían
ni juanetes ni callos ni varices
como mi abuela
Dorothea Petrona Brinkmann
ella sí
como si fuera una gigante Transformer
ella exhibía esas aleaciones óseas
yo las contemplaba
entre el miedo y la aprehensión
esos martillos de huesos
saliendo de sus pulgares
y las várices de hiedra color azul acero
por las décadas trabajando de pie
magullada por el tiempo
ese podólogo que nada cura
pero que desafío
conjurando con menjunges de arcilla del Mar Muerto
ahí
entierro este zapatito de cristal
con la esperanza de que algún milagro cosmético
me rescate
de un destino infalible:
los juanetes, callos y varices
asomando en el horizonte perplejo
de la implacable herencia genética.

Organización de las Naciones Unidas

Mi mamá me contó que en su lejano Chaco natal
tenía una amiguita polaca
pero como ella no hablaba castellano
se comunicaban
a través de una muñeca.
Me pregunto qué cosas diría ahora
ese puente entre culturas
con cuerpo diplomático de tela y cabeza de plástico
cómo pestañearía ante el público
ese protocolo de porcelana
esa fantasía animista
haciendo de ventrílocua
entre cadáveres de la historia
que se mienten entre sí.

Daddy Issues

El duelo es esa cosa con alas.
MAX PORTER

Maté a mi padre cuando tenía diez años.
Algunas veces decía que había sido un accidente.
Otras, cuando me sentía muy desamparada
y suspiraba por la condescendencia ajena,
confesaba con tono fligido que se había suicidado.
En realidad, él es mi gato de Schörodinger:
está vivo o muerto
dependiendo de la perspectiva
y de mi estado de ánimo.
De él sólo me quedó la ventaja de un pasaporte europeo
y un extremo individualismo
disfrazado con ínfulas de artista solitaria.
En realidad no sucedió así
no sé si está muerto
o vivo
pero como tengo una relación abierta con la verdad
puedo improvisar,
a través de la cartografía especulativa,

lagunas
para evadir la invocación:
para evitar que aparezca él

no ese monstruo con alas como el duelo
sino el otro,
con su torso reptiliano
y siete cabezas guillotinadas
que aún pestañean.

Un crimen imaginario
sigue ocurriendo cada vez que alguien me pregunta por

él:

Ramón Llurba Sánchez Porta,
nacido en Plaza Revolución, Barcelona,
el mismo lugar donde me empadroné por primera vez
una curiosa vuelta del destino
que hubiera alentado las poluciones nocturnas de Jung
y disgustado a Freud
porque qué cliché
eso de matar al padre
por eso aprendí a convivir con esta tragedia
aún peor que el duelo:
sus siete cabezas siguen pestañeando,
hieráticas,
como las vísceras de Sísifo cada noche
intento cicatrizar su herida
para que no vuelva a crecer
él,
el monstruo policéfalo
del abandono.

DESPUÉS DEL FIN

El momento y el lugar exactos

Todo el mundo sabe cuáles son sus coordenadas
                            espacio-temporales
pero nadie sabe cómo regresar hasta él:

como el bunker de Hitler
como el punto G
como la Baticueva
como un agujero negro
como el punto en que la clara batida se hace crema

no puedo recordarlo
no puedo recordar el momento y el lugar exacto.

Ese instante y ese lugar
en que me enamoré de D.
y el invierno berlinés me tragó para siempre.

Dialéctica

Hegel lo intuyó
Marx lo diagnosticó
pero Francis Fukuyama nos mintió,
porque así es como será el fin de la historia:
el próximo lunes a las 23:37
tu avión saldrá desde Berlín para Toronto
y yo me quedaré sola
observando cómo se derrumba
la geopolítica mundial
entre los fantasmas escurridizos
de la Ostalgie
compruebo la irreversibilidad del tiempo:
«Todo lo que no avanza, retrocede»
dijo el viejo Karl
y al igual que este cielo gris encefálico
una catástrofe
ha llegado para quedarse.

Haunt Me

Al igual que nuestros ancestros prehistóricos, que se cortejaban narrando escenas de caza ante las hogueras, protejo este fuego menguante. Para evitar que se apague, deposito esta lámpara en el umbral de mi ventana, con la secreta esperanza de que, como en un *plot twist* de una novelita gótica, te orientes

y

descubras

este

sendero

oculto

entre

la

hiedra

y

por

fin

me

encuentres:

soy
un crujido en la oscuridad
un pie resbalando en una ladera escarpada
el recuerdo marchito de un orgasmo
una catástrofe que sobrevive
soy
la hermana incestuosa
la loca encerrada en el ático
la esposa manipuladora
la amante despechada
acá,
en el fondo de la caverna
junto a las cenizas de tu remordimiento.

El pulso de la batalla

Ayer fue el aniversario del bombardeo de Dresden,
una aniquilación masiva de población civil alemana.
Pero hoy vivo de nuevo otro día
un día menos oscuro y por eso más celebrado
un día como el día D.
El día del desembarco aliado en las playas de Normandía.
El día de la contracción y la dilatación de la Historia.
De Nuestra Historia.
Así, con mayúsculas.
La Historia latiendo en mi breve calendario en esta
ciudad.
La ciudad.
Berlín: una cicatriz abierta en el espacio-tiempo
donde hoy hace una semana que D. tomó su avión de
                                    vuelta a Toronto.
Por eso.

Hoy.

Hoy voy a salir a caminar.
Hoy escribiré 2 000 palabras de mi nueva novela.
Hoy voy a estudiar una hora de alemán.
Hoy dejaré de pensar que para qué me mudé acá si no
                                    soy feliz.
Hoy a la madrugada crucé miradas con un zorrito gris
que escarbaba entre los ligustrines de una vecina.
Hoy voy a empezar a tomar vitamina D.
Hoy voy a conocer a alguien nuevo.
Hoy voy a ir a yoga.
Hoy voy a dejar de echarle la culpa de mi insatisfacción
crónica a las ciudades donde vivo.
Hoy voy a cambiar las flores de los jarrones de vidrio de
la ex RDA que compré por solo un euro en Mauerpark.
Hoy, en la cola del Penny, la cajera y un cliente

intercambiaron un chiste que no entendí.
Hoy conté de nuevo los días desde que D. se fue.

Los días como hoy.

Días de un presente extendido
que se empujan unos a otros
todos juntos en un mismo día.
Mi día D.
Días como pedacitos de madera
que acumulo en los duros ejes de tiempo y metal
de este ábaco de subterfugios
y excusas
para no escribir
mi *so called* nueva novela
mientras aprendo de nuevo a contar
con la esperanza infantil
de que mis recuerdos se dilaten y se contraigan

s e   d i l a t e n   y   secontraigan

hasta desaparecer

como las grandes batallas olvidadas de la Historia
como la interdependencia de la nicotina con el alcohol
como un púlsar emitiendo radiación a intervalos cortos
y regulares
como mi suelo pélvico cuando practico ejercicios de
Kegel
como una estrella de mar respirando bajo el océano

mis recuerdos se dilatan y se contraen

s e   d i l a t a n   y   secontraen

mis recuerdos laten

en un día como hoy
en un día como cualquier otro.

Otro día de la historia.
Ahora sí, con minúsculas.
Otro día d.
Otro día latiendo.
Otro día para conjurar mis recuerdos.
Otro día más de nuestra historia.

Angelus Novus

Tres mudanzas en un año equivalen a un terremoto.
AMY HEMPEL

Sepultado bajo el granizo
estampado contra el cemento
arrastrado por el huracán del progreso
ese ángel de la historia atropellado
fue la víctima de lo que los meteorólogos
no pudieron adivinar
leyendo la taxonomía de las nubes
granizos con púas
como armas medievales
destruyeron los edificios
que no recibieron a tiempo esta alerta
de tormenta inminente:
mi desilusión como una fuerza de la naturaleza
quebrantando parabrisas
inundando alcantarillados y pozos de drenaje
y las promesas de estabilidad emocional
y sexo regular
que nunca me hiciste.

Teleología

Al final de la película
el amante de la protagonista
es sacrificado por la secta al dios Sol
mientras tanto

ella

sonríe en la oscuridad.

La gaya ciencia

Pasar la aspiradora.
Remojar lentejas y garbanzos.
Buscar huevos de serpientes enterrados en el bosque.
Seguir escribiendo.
Evitar pensamientos obsesivos.
Dormir ocho horas.
Cazar sapos y murciélagos.
Seguir escribiendo.
Tomar vitamina D.
Limpiar el caldero.
Seguir escribiendo.
Cepillarme los dientes.
Engrasar la escoba.
Repito estos mantras todos los días
con tal desesperación
que Hécate, Circe y Tituba
se avergonzarían de estos cantos y conjuros al orden y la
                                                    rutina
como los largos conos blancos que estigmatizaban
a la gente en la Edad Media
esas promesas de felicidad penden de mi cabeza
ante ellas me flagelo y rezo
yo, la carmelita de Pankow,
este barrio desangelado al noreste de Berlín
donde me entrego a un ritual anticuado:
perseguir las ofertas del Lidl
atender a los calendarios de papel reciclado
gastar las camisetas negras a 9,9 € del H & M
abusar del café americano con edulcorante
entre todos esos placebos
me invento una mística personal:
atrincherarme
junto al fuego perpetuo de internet

esperando que mi último hechizo:
lograr que la agenda de tu *smartphone*
se abra
en la pestaña indicada
y
por un acto de magia negra
me llames de nuevo.

Los trabajos y los días

D. removiendo con un chopstick los restos de carne
de cordero entre mis dientes.
D. quebrando un chopstick en dos y sacándole punta
con su navaja suiza

para que yo pueda seguir limpiándome los restos
entre los dientes.

Sobrevivo entre las cenizas y los escombros
de batallas perdidas y recuerdos obsesivos
como éste.

Conjuro esa promesa de felicidad:
el avance unilineal y siempre hacia adelante
el paso del tiempo
el progreso,
espero que esto también cicatrice rápido
pero como en ese capítulo de *Matadero 5*
la novela donde Kurt Vonnegut exorcizó dando marcha
atrás
su traumático recuerdo del bombardeo de Dresden
los míos también
mis recuerdos
se lanzan en paracaídas que no se abren
son solo una nota al pie de la Historia
en las desiertas playas de la Normandía
de mi mente angustiada
entre las cenizas y los escombros de la batalla
los recuerdos momificados de D.
como una maldición milenaria
como las siete cabezas inagotables de una quimera
mientras
un fantasma

recorre Europa sin rumbo
desde el otro lado del diván
mi terapeuta
repite comprensiva:

                el olvido para quien lo trabaje.

ESTADO DE BIENESTAR

La banalidad del mal

Abro este cuaderno de notas y encuentro una Polaroid tomada en una plaza del Raval en Barcelona hace seis años. En ella, Celina, mi mejor amiga, y yo observamos directamente a la cámara. Nuestras pupilas están dilatadas por el exceso de alcohol y la complicidad. Hacía tres meses que me había mudado de Barcelona a Berlín. Solo en esa semana había tenido relaciones sexuales con tres personas diferentes y celebrábamos juntas la publicación de mi primera novela.

Hoy encontraron a treinta y nueve inmigrantes asfixiados dentro de un camión frigorífico.

Hoy D. comentó una de mis stories de Instagram y me puse contenta.

Parque temático

Lo primero que hizo Primo Levi
al llegar al Arbeitkamp
fue preguntar si le devolverían su cepillo de dientes.
Quizás había pensado que el viaje desde Torino hasta

allá
había sido como el itinerario del tren fantasma:
solo un par de sustos
en un ataúd de lata
y acero con rueditas
como los autitos chocadores
en Argentina
los carritos chocones
en México
los autitos de choque
en España.
Me preocupa mi debilidad por las variedades lexicales:
 si es cierto que no hay posibilidad para la poesía
después de Auschwitz
estos versos son como las vueltitas de la montaña rusa:
un ticket con descuento a la adrenalina
y la mala conciencia.

Estado de Bienestar

Ayer fui a un mercado navideño en Berlín. Tomé Glühwein, abracé a un galgo gris durante un largo rato, escuché a un señor tocando un organito, comí una Bratwurst con mostaza, avisté varios Santa Claus con el disfraz y los renos de peluche apelmazados bajo la llovizna esperando que alguien se hiciera una foto con ellos.

Mirror, mirror

No siempre disfruto de su compañía:
la de mi doble, la otra Ana
replicándose al infinito
desde el otro lado
en el espejo carrolliano de las redes sociales
mi doppelgänger siente pena por mí,
de mis zapatillas compradas en mercadillos de segunda
mano
de la autocomplacencia con la que redacto
                                        «Schriftellerin»
en todos los formularios alemanes
esos croquis de casas provisorias
con ventanas y puertas que llenar
con la promesa de felicidad y tiempo libre
para pasear por sus barrios desangelados
mientras me hago selfies en vidrieras empañadas
para que tus «me gusta»
tus «OMG. Yes»
alimenten el ansia de perpetuidad
de mi ego desesperado
impaciente por refuerzos de aprobación y dopamina
en la superficie fría
pero glamorosa
de esta soledad primermundista
tan parecida al aburrimiento.

Paisaje y circunstancias I

La vista desde mi ventana en una residencia literaria en Cracovia enmarca un parque de inspiración versallesca. Sin embargo, lo único que escucho todo el día es el *ringtone* de las notificaciones del teléfono de mi vecina.

Paisaje y circunstancias II

Me he pasado el día leyendo a saltos teorías sobre los cuentos de hadas y testimonios de los campos de exterminio: como la vida misma.

Formas de no volver a casa

El farmacéutico del guetto judío de Cracovia
dejó escrito en sus memorias de la ocupación nazi:
el primer tren que salió con los «trabajadores
                                  no imprescindibles»
las mujeres,
los ancianos
y los niños,
abrió sus puertas a varios kilómetros de distancia
y los dejó en medio de la nada.

— ¿Y qué pensás que hicieron?— me preguntó Marta.
— No sé… ¿Volvieron caminando hasta el guetto?
—Sí. Y el segundo tren los llevó directamente a Auschwitz.

Como Odiseo cuando sacrificó un cordero
para invocar a los muertos
me imagino a toda esa gente
mujeres,
ancianos
y niños
«trabajadores no imprescindibles»
siguiendo las vías del mismo tren que los abandonó
volviendo a Podgorze, el guetto judío,
sobreviviendo en esa realidad cuántica
ese limbo
ese tiempo suspendido
ese segundo
en que el héroe griego levantó su copa
y miró a Tiresias a los ojos
para que adivinara
el camino de vuelta a Ítaca
en un rastro de sangre.

Teodicea

Ayer salí a correr de noche por el parque versallesco.
En la curva de un sendero sin iluminación me crucé con
dos monjas vestidas de blanco. Ellas me sonrieron.

Vivir afuera

Como los organismos anaerobios
me gustaría poder vivir sin oxígeno
pero en lugar de eso
opté por esta vida nómade
sin raíces
ni clorofila
ni fotosíntesis
una rara especie de orquídea
que crece en algunos bosques japoneses
en simbiosis con los hongos
a la sombra del polvo sideral
una bacteria flotando
en la atmósfera de Venus
esperando que la sonda espacial Caronte
la descubra y la oriente
al emplazamiento donde las almas perdidas
y los monumentos de su especie
alimentan la fuente de la memoria
de un planeta
donde los elefantes, las jirafas, los rinocerontes,
                                    los tigres y las abejas
serán como los dinosaurios
para las próximas generaciones.

Cuarentena

Contemplar la lluvia desde mi ventana con la misma
curiosidad
que una niña criada en un laboratorio.

Calma chicha

Este verano me extraje varias preocupaciones
del cuerpo y la mente:
una amiga manipuladora y egocéntrica
cinco fibromas
un amante tóxico
y también tres muelas del juicio
sin embargo me pregunto
si no me habrá quedado algo más adentro
algo pesado
como un huevo de obsidiana
sin perforaciones ni porosidades
un cigoto de dinosaurio
pura energía carnívora
empollando
aún no se sabe
si vivos o muertos
los otros relatos de la especie:

ayer encontraron a setenta y tres personas
naufragando en una balsa en el Mediterráneo

no obstante mi imaginación sigue siendo la misma.

Hagiografía

Abajo de mi ventana celebran un casamiento. La gente sonríe, brinda, bebe, se saca fotos, hace bromas, pero estoy tan deprimida que me siento atrapada en medio del sitio de Leningrado.

Escatología

No me gusta que me dirijan la palabra
por las mañanas.
No congenio con las voces entusiastas
antes del desayuno.
Not a Morning Person
sería un prudente *statement*
para un avatar que advierta a los incautos
que *aquí, en medio del bosque de la vida,*
los esperan los siete círculos del Infierno:
los paisajes decadentes de la mediana edad
esos mapas planiformes
llenos de peligros y calorías
al final de una cartografía terrestre
sostenida por tres elefantes
una tortuga gigante
y media hora de *running* diario.
Hoy es martes
son las 11:37 am
pero yo aún no consigo despertarme
y en algún lugar
está empezando a acabarse el mundo.

ÍNDICE

La primera edición de *Mala conciencia* se terminó de imprimir, por encargo de Letraversal, el 10 de mayo de 2024; ese mismo día de 1843 nacía Benito Pérez Galdós, que en uno de sus cuentos hablaba de los verbos de vivir: *Por otro lado estaba el Verbo Matar dando grandes voces, y cerrando el puño con rabia, decía de vez en cuando: —¡Sí, me conjugo...!*

◆◆◆